Dazaga/Tûbu

Urra

Gala ye Zunta ye

Urra

Urra ginna ina turona tûruta dîri. Ina tûruta huntaã înne înne?

Mura ginna sura dîri. Sura ginna ru suru sîsir-u jigin. Sura kura ginna sîsiruũ daa irridigi.

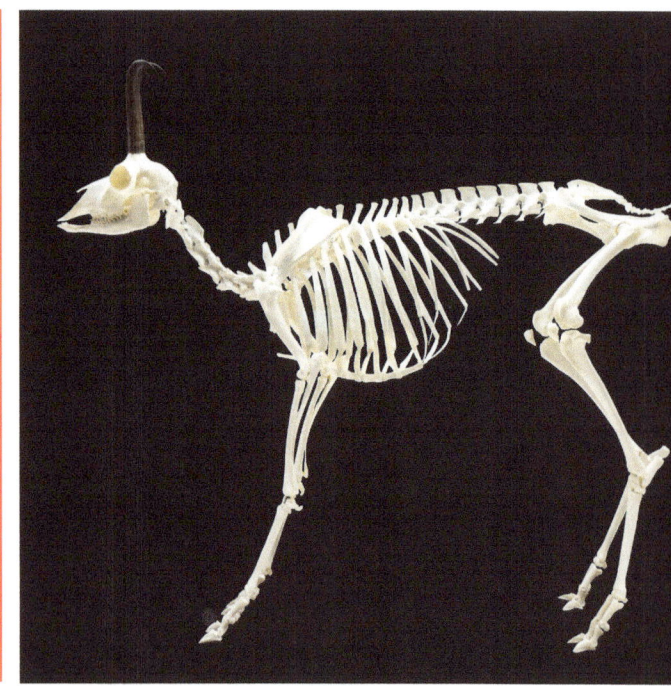

Mura gire huntuũ tûntuu.

Mura ginna
yala wusirigi.
Mura duro kûila
dûrugire bêyi.

Mura ginna
yala huntaã ru
tugum centigi.

3

Kuru

«Kuru côkolou» amma-i fatigi. Mire mafur du bara buru côkocokolciŋi jillan nu.

Yala tûrusu
gor cî turon nu
wussugi.

Ina goyiŋaã ginna
bûrru huma duro
dilasigi.

Yî kôoli
cînni.

Mana

Mana ina mîšina kaga ye kolca ye wugi.

Mana gura aka daa ciki.
Gura tafu duro ciki.

Tafu duro cikaã maaši
huntuũ ŋula duro royintigi.

7

Kilikili

Kilikili gini dîfini huma ŋa calacalami. Ini duruũ ginna-i mire zuntiĩ gor hanayiŋi.

Tirii huma buru duru. Mire te ru šawaide. Tirii huma ru fîroo dau huma wureyiŋi.

Dîskeyiŋoo bûrra duro tûwurugi. Turkona hunaã danara ru bûrru lôyinere duro buzugi.

9

Kûin

Êfirik niya 54 ginna duro niya kûina dîraã 37. Niya ara ginna ru Car buru dîi.

Mire gôla durusa dîi. Šîya môfuna dîi.

Têrki ru ôwura 22 tigisoo êski ru fussugi.

Mire ina orrora tafu daa cikaã ginna ru bu. Awini mire ŋila muntu wugi. Ŋila 80 gor terigi.

11

Wili

«Dî yurde ni ši, wili yuree? »
amma-i fatigi.

Tai huma durusu kûnci tômu ye lau ye gor kirigi.

Wili ini tafu daa ciire ginna ru mire durusu.

Tiliši huma durusu jaaki mire ru ca huma lamugi.

13

Mîši

14

Gini huma bûku tafu
tûrutu. Yaya hunaã ŋûlli
curuku ni saga yîsira.

Mura kûnci tômu ye lau ye gor ŋûlli bûrcintigi.

Ini tra ru aašintoo carku êyi daa bîrere saga bûrcintigi kui bûrcintigi. Te mire ini mura daa êrdeyinaã dau gesirigire burayintigi.

15

Widen

Widena uŋko kiñila huntaã 13. Unnu kiñila yîssii ciki, tuzoo cêyintu.

Jollo ŋila ru goyiŋi. Bûrciŋoo sîgi dogu cakiŋi.

Rôza wona-a duro mire aŋkala hunaã muntu.

Widen ini êrdi duroo firi huma gûyeguyeyiŋi. Te hinoo digi huma bî daa wawere laa hunaã ru lûl ceŋi.

17

Turuu

Turuwa yaya dîla pîritka
dîri ciiru mura duro kiñili
tra yaya ciida dîi.

18

Gini dîfini huma ŋa kêli. Diga hunaã ye biri huma ye calacalai.

Bolo dogu ru gîri bassoo, tûruzi huma ru tûrutugi.

19

Ŋaran

Kiñila 16 dîi ciiru kiñili turoni furak Êfirik duro cii.

Yaya hunaã
ka šilla šilla
munta dîi.

Ŋarana Êfirik duro
buru mîntiyã ciki.
Ta mura Êfirik lau
yala ŋa duro ciki.
Êfirik duro jûlu
tuwori huntuũ
hêdine.

21

Giraši

«Giraši widen-i saa hun»
amma-i fatigi. Te mire giraši
saa šilluũ jillan nu.

Fora ru tigantigi. Yîge tûrutinni. Yî illa wirigaã duro hakintigi. Mura duro êruũ ginna ru kubbu larde huntuũ.

Dugusu kôi bôlu duro aniyintigi. Urra-i bokintoo buru owona ši.

23

Sigir

«Tatamu ru sooriŋa tama danni. Taar sooriŋa sîri danni» sigir-i faru.

Ini tra cîrigi ru diga ši, tiya ru dîgi.

Êgi huma turku ŋa kii šiša. Êgi huma kînni kege.

Nêrdi dîi. Ina duro zuraã ginna cirigi. «Kôi bardde bêyi, barde kui urrurde bêyi» Sigir-i faru.

25

Kûluku

Šîya hunaã ba. Bî kidde tigisoo šîya hunaã mara tigisirigi. Kiri kasar huma ŋa šîya hunaã ru curugi.

Bûrru duro kôi wôu burayi ñakiŋi.

Êlii mire êrdi kûluku-u, yala kûluku-a wugaã jillan nu.

27

Wayi

28

Wayi buru kidde. Ina mire ru ba kii gôwere cirigi.

Wayi mire eke daa bîi yîsigi.

Ini tra cîroo tikiroo na goyi eke daa bîigi.

Ini tra cîroo eke daa nau wugi. Te mire sigira gûro hakinti wirinnaã jillan nu.

29

Kîi

Dîfini huma bûku. Kiši fî huma ginna cuwu aniši tûrutu. Kûsur huma ginna ziri ziri.

30

Kuru duroo sûsumci kui teru dîgi.

Ini tra lau dîgire burayiŋoo turkona hunaã aga herigi. Turkona diga kuiraã daa dîyaã šilla. Turkona diga sagaraã daa dîyaã tûda.

Mire šîya šilli. Ini tra sîgi dogu ru nunuwii ciyoo na bazigi. Ini tra tafu duro ciyoo na nunuugiroo bazigi.

Dûguli

«Dûguli dau dutigii ru sopu digi goyintu» amma-i fatigi.

Aŋkiruũ tai dîfinne ciiru êruũ tai daa dîfini danni.

Buru tirkane ši. Dîski duro sa 20 gor ginna yercinne ru buzugi.

Turku

34

Mafur du bara tigisiŋa ru yala ru ma meyinima ru kûruũ daa yayi gor du ciyoo ini addi aši taŋu kegoo na jaantiŋire taŋoo gali.

Kôi tra tigeyintoo mura bussu bussugi. Turka kura irridoo bokintigi. Turka dêyinca tiginisirinni.

Mafur du bara tigisiŋa ru kûruũ daa numa ru ji kalaki ciyoo ini duro yî goniŋire addiyoo na taŋoo gali.

35

Amma geyintiraã: APE ©2017
Amma ruyintiraã: Arumi Mamar, Mamar Bokor, Yîsip Ger and Rivers Camp (Galmai Wûji)
Aũ kêliyima: Robert Johnson (Sûmpi Zen)

ASSOCIATION

POUR LA PROMOTION

D'EDUCATION